GuteNacht
Geschichten
für Katzenfans

arsEdition

KURZE ZEIT MIT KATZEN –
WENN DIR DAS EINSCHLAFEN LEICHTER FÄLLT

Christian Morgenstern, Die Reinlichkeit der Katze S. 7

Otto Ernst, Katze, Kaninchen und Rabe S. 9

Theodor Storm, Von Katzen S. 10

Rainer Maria Rilke, Schwarze Katze S. 11

Ludwig Bechstein, Das Kätzchen und die Stricknadeln S. 14

Jean de La Fontaine, Der Löwe und die Ratte S. 15

Friedrich Müller (genannt Maler Müller),
Der Iltis und der Kater S. 16

Rainer Maria Rilke, Der Panther S. 17

Kurt Tucholsky, Der Erbfeind S. 18

Mirok Li, Katze und Hund S. 20

Fabel aus Afrika, Die Katze und die Frau S. 24

Ingrid Noll, Alles für die Katz S. 26

Christian August Fischer, Der Kater S. 28

Julia Kospach, Der ruhige Genuss des Dekorativen S. 32

LÄNGERE ZEIT MIT KATZEN –
WENN DIR DAS EINSCHLAFEN MAL SCHWERFÄLLT

Franz Kafka, Eine Kreuzung S. 35

Kurt Tucholsky, Brief an einen Kater S. 39

Peter Altenberg, Café-chantant S. 43

Anna Mitgutsch,
Wahlverwandtschaften und Todfeindschaften S. 48

Christa Jekoff, Trikolor – oder Wenn Katzen lieben S. 52

Jacob und Wilhelm Grimm,
Der arme Müllerbursch und das Kätzchen S. 58

Elke Heidenreich, Nero Corleone S. 62

Luisa Francia, Die Zauberin S. 66

Georg Weerth,
Aber wer weiß, wovon die Katzen träumen? S. 75

Kleine Entspannungsübungen und Einschlaftipps für unruhige Nächte

Just breathe S. 12
Lass los S. 23
Sei dankbar S. 30
Auf der Einschlafwelle surfen S. 47
Duftende Helfer S. 57
Schlaf gut! S. 73

Katzen sind bewundernswerte Geschöpfe, und gerade was die Entspannung und das Genießen angeht, können wir uns viel von ihnen abschauen. Besonders wenn es dir schwerfällt, am Abend abzuschalten und den Tag hinter dir zu lassen, hilft es, sich das Bild einer entspannt schnurrenden Katze vorzustellen. Was gibt es Gemütlicheres?

Wenn du keine eigene Katze hast oder zusätzlich zu deinem lebendigen Wärmekissen gerne noch ein Buch mit ins Bett nimmst, werden dir die kurzen Katzengeschichten in diesem Band eine wunderbare Begleitung auf dem Weg ins Land der Träume sein.

Die kleinen Lesehäppchen helfen dir, leichter in den Schlaf zu finden. Und der Gedanke an leise Pfoten, weiches Fell und sanftes Schnurren lädt ein zum Einkuscheln und Wegträumen. Kleine Entspannungsübungen und Einschlafhilfen ergänzen die Geschichten und helfen dir, Unruhe und Einschlafprobleme zu überwinden.

EINSCHLAFEN.

Man muss
Katzen nicht beibringen,
wie man es sich
GEMÜTLICH
macht, in dieser Hinsicht
sind sie von unerschöpflichem
ERFINDER-
GEIST.

James Mason

DIE REINLICHKEIT DER KATZE

Christian Morgenstern

Die Reinlichkeit der Katze ist eine ganz andere als die des Menschen. Der Mensch wäscht sich, kämmt sich, bürstet und klopft seine Kleider, er entledigt sich, mit einem Wort, seines Staubes, indem er ihn dem Wasser, der Luft, der Erde zurückgibt. Die Katze hingegen schleckt ihn mit unermüdlicher Zunge in sich auf, verleibt ihn sich ein, vertilgt ihn – aber im fruchtbarsten Sinne, indem sie ihn schlankweg in ihr organisches Leben mit hineinnimmt.

Ein **HUND**
springt zu dir aufs Bett,
weil er gern in
deiner Nähe ist. Eine
KATZE tut es,
weil sie dein Bett liebt.

Victor Hugo

KATZE, KANINCHEN UND RABE Otto Ernst

Eine Katze und ein Kaninchen waren Freunde, und eines Tages saßen sie in bester Eintracht unter einem Baume, als ein großer, wütender Bullenbeißer dahergejagt kam. Das Kätzchen war mit einem Satze oben im Gezweig, das Kaninchen aber packte der rasende Hund mit den Zähnen beim Genick, schlug es sich ein paar Mal um die Ohren, und tot war es.

Ein alter Rabe hatte allem zugesehen und sprach nun kopfschüttelnd zur Katze: »Du bist mir eine nette Freundin! Sobald ein Köter daherkommt, lässt du deinen Kameraden im Stich und flüchtest auf einen Baum!« »Wie?«, sprach die Katze entrüstet, »einen Baum nennst du das?« »Ja«, erwiderte der Rabe, »ist das kein Baum?«

»Ich bitte sehr«, versetzte die Katze, »du scheinst mir in der Ethik schlecht beschlagen zu sein! Das ist kein Baum, das ist der objektive Standpunkt!«

VON KATZEN

Theodor Storm

Vergangnen Maitag brachte meine Katze
zur Welt sechs allerliebste kleine Kätzchen,
Maikätzchen, alle weiß mit schwarzen Schwänzchen.
Fürwahr, es war ein zierlich Wochenbettchen!
Die Köchin aber – Köchinnen sind grausam,
und Menschlichkeit wächst nicht in einer Küche –,
die wollte von den sechsen fünf ertränken,
fünf weiße, schwarz geschwänzte Maienkätzchen
ermorden wollte dies verruchte Weib.
Ich half ihr heim! – Der Himmel segne
mir meine Menschlichkeit! Die lieben Kätzchen,
sie wuchsen auf und schritten binnen Kurzem
erhobnen Schwanzes über Hof und Herd;
ja, wie die Köchin auch ingrimmig dreinsah,
sie wuchsen auf, und nachts vor ihrem Fenster
probierten sie die allerliebsten Stimmchen.
Ich aber, wie ich sie so wachsen sah,
ich pries mich selbst und meine Menschlichkeit. –
Ein Jahr ist um, und Katzen sind die Kätzchen,
und Maitag ist's! – Wie soll ich es beschreiben,
das Schauspiel, das sich jetzt vor mir entfaltet!
Mein ganzes Haus, vom Keller bis zum Giebel,
ein jeder Winkel ist ein Wochenbettchen!
Hier liegt das eine, dort das andre Kätzchen,
in Schränken, Körben, unter Tisch und Treppen,
die Alte gar – nein, es ist unaussprechlich –
liegt in der Köchin jungfräulichem Bette!

Und jede, jede von den sieben Katzen
hat sieben, denkt euch, sieben junge Kätzchen,
Maikätzchen, alle weiß mit schwarzen Schwänzchen!
Die Köchin rast, ich kann der blinden Wut
nicht Schranken setzen dieses Frauenzimmers;
ersäufen will sie alle neunundvierzig!
Mir selber, ach, mir läuft der Kopf davon –
oh, Menschlichkeit, wie soll ich dich bewahren!
Was fang ich an mit sechsundfünfzig Katzen!

SCHWARZE KATZE

Rainer Maria Rilke

Ein Gespenst ist noch wie eine Stelle,
dran dein Blick mit einem Klange stößt;
aber da, an diesem schwarzen Felle
wird dein stärkstes Schauen aufgelöst:
wie ein Tobender, wenn er in vollster
Raserei ins Schwarze stampft,
jählings am benehmenden Gepolster
einer Zelle aufhört und verdampft.
Alle Blicke, die sie jemals trafen,
scheint sie also an sich zu verhehlen,
um darüber drohend und verdrossen
zuzuschauern und damit zu schlafen.
Doch auf einmal kehrt sie, wie geweckt,
ihr Gesicht und mitten in das deine:
Und da triffst du deinen Blick im geelen
Amber ihrer runden Augensteine
unerwartet wieder: eingeschlossen
wie ein ausgestorbenes Insekt.

JUST BREATHE

Du liegst im Bett und wälzt dich unruhig herum, ohne Ruhe zu finden? Mit dieser 4-7-8-Atemtechnik findest du schnell Entspannung:

Atme einfach bewusst durch die Nase ein und zähle dabei bis vier. Dann halte den Atem an und zähle dabei bis sieben. Jetzt atme durch den Mund aus und zähle bis acht. Wiederhole das Ganze mindestens viermal.

So bekommt dein Körper extra viel Sauerstoff, dein Puls sinkt und du kannst sanft in den Schlaf gleiten. Wie schnell du zählst, ist dabei nicht so wichtig, du solltest die Übung aber eine Zeit lang täglich morgens und abends machen.

UM INNEREN

FRIEDEN

ZU FINDEN, BAUE DIR
SELBST EIN NEST

mit schönen Gedanken,

IN DEM DU JEDE NACHT

GEBORGENHEIT

FINDEN KANNST.

John Ruskin

DAS KÄTZCHEN UND DIE STRICKNADELN

Ludwig Bechstein

Es war einmal eine arme Frau, die in den Wald ging, um Holz zu sammeln. Als sie mit ihrer Bürde auf dem Rückweg war, sah sie ein krankes Kätzchen hinter einem Zaun liegen, das kläglich schrie. Die arme Frau nahm es mitleidig in ihre Schürze und trug es nach Hause. Auf dem Wege kamen ihre beiden Kinder ihr entgegen, und als sie sahen, dass die Mutter etwas trug, fragten sie: »Mutter, was trägst du?« Sie wollten gleich das Kätzchen haben, aber die mitleidige Frau gab es den Kindern nicht, aus Sorge, sie würden es quälen. Sie legte es zu Hause auf alte weiche Kleider und gab ihm Milch zu trinken. Als das Kätzchen wieder gesund war, war es mit einem Mal verschwunden.

Nach einiger Zeit ging die arme Frau wieder in den Wald, und als sie mit ihrer Bürde Holz auf dem Rückweg wieder an die Stelle kam, wo das kranke Kätzchen gelegen hatte, da stand eine ganz vornehme Dame dort, winkte die arme Frau zu sich und warf ihr fünf Stricknadeln in die Schürze. Die Frau wusste nicht recht, was sie denken sollte, und sie legte die fünf Stricknadeln abends auf den Tisch.

Als die Frau am nächsten Morgen aufstand, da lag ein Paar neue, fertig gestrickte Strümpfe auf dem Tisch. Das wunderte die arme Frau über alle Maße, und am nächsten Abend legte sie die Nadeln wieder auf den Tisch, und am Morgen darauf lagen neue Strümpfe da. Jetzt merkte sie, dass die fleißigen Nadeln der Lohn für ihr Mitleid mit dem kranken Kätzchen waren, und sie ließ die Nadeln jede Nacht stricken, bis sie und die Kinder genug hatten und vom Verkauf der Strümpfe sogar leben konnten.

DER LÖWE UND DIE RATTE Jean de La Fontaine

Man soll sich möglichst alle Welt verpflichten,
der Kleinste selbst kann werten Dank verrichten

Nichts ahnend kroch
aus ihrem Loch
vor des Löwen Maul eine Ratte hervor
und bangte, dass sie ihr Leben verlor.
Der König der Tiere aber bewies
Großmut, indem er sie laufen ließ.
Die Wohltat blieb nicht ohne Lohn.
Wer glaubt wohl, dass von jener Ratte
der Löwe einen Nutzen hatte?
Und doch geschah's nach wenig Tagen schon,
als er aus seinen sichern Wäldern ging
und unversehens sich in einem Netze fing.
Er machte drin – vergeblich – groß Geschrei
und doch: Die Ratte eilt darauf herbei –
das Maschenwerk zernagen ihre Zähne,
befreit entkommt der König mit der Mähne.
Viel mehr als Wut und große Kraft
hat hier Geduld und Zeit geschafft.

DER ILTIS UND DER KATER

Friedrich Müller

Eine Taube trug der Iltis
übers Dach. Der Kater schreit:
»Ei! Verruchter! Unschuldsmörder!
Unerhörte Grausamkeit!« –

»Schimpf nur, Heuchler!«, gab's ihm jener
wieder, »wahrlich, 's steht dir gut.
Klebt doch frisch an deiner Schnauze
erst erwürgter Henne Blut!

Du beschreiest mein Verbrechen
nicht aus Pflicht und Billigkeit.
Ärgres würdest du beginnen,
böt sich dir Gelegenheit.«

DER PANTHER

Rainer Maria Rilke

Im Jardin des Plantes, Paris

Sein Blick ist vom Vorübergehn der Stäbe
so müd geworden, dass er nichts mehr hält.
Ihm ist, als ob es tausend Stäbe gäbe
und hinter tausend Stäben keine Welt.

Der weiche Gang geschmeidig starker Schritte,
der sich im allerkleinsten Kreise dreht,
ist wie ein Tanz von Kraft um eine Mitte,
in der betäubt ein großer Wille steht.

Nur manchmal schiebt der Vorhang der Pupille
sich lautlos auf –. Dann geht ein Bild hinein,
geht durch der Glieder angespannte Stille –
und hört im Herzen auf zu sein.

17

DER ERBFEIND

Kurt Tucholsky

Wenn man durch die Straßen von Paris geht, so sieht man nicht selten ein merkwürdiges Bild: Am Eingang eines Ladens sitzt ein Kätzchen und sonnt sich. Paris ist die Stadt der Katzen. Und zwei Schritt von ihr: ein riesiger Schlächterhund, der daliegt, die Pfoten lang vor sich hingestreckt, stolz, ruhig, im Bewusstsein seiner Kraft. Um das Kätzchen kümmert er sich gar nicht. Das Kätzchen sieht auch ihn nicht an. Manchmal gehen sie aneinander vorbei, wie eben alte Bekannte aneinander vorbeigehen. Vielleicht begrüßen sie sich leise im Tier-Esperanto – aber sie beschnuppern sich nicht einmal. Katze und Hund – friedlich leben sie nebeneinander.

Als ich das zum ersten Mal sah, glaubte ich an ein Wunder der Dressur. So sehr war ich, aus Deutschland kommend, geneigt, den Zustand des ewigen Zähnefletschens, Heulens, Fauchens und Bellens als den primären anzusehen. Aber als ich immer und immer wieder beobachtete, wie Hund und Katze hier einträchtig miteinander auskommen, da schien es mir doch anders zu sein.

Man kann also bei aller Verschiedenartigkeit des Wesens so friedlich nebeneinander leben, ohne sich Löcher ins Fell zu beißen? Aber warum geht es? Warum geht es hier?

Weil man die kleinen Katzen von Jugend an, wenn sie noch nicht sehen können, mit den Hunden zusammensperrt. Weil man die kleinen Hunde zu den Katzen trudeln lässt, wenn sie noch alle in einem Wollknäuel und in einem Milchnapf die Welt sehen. Und niemand hetzt sie aufeinander, niemand findet Gefallen daran, dass »sein« Hund schneller, kräftiger und männlicher ist als die Katze des anderen.

Niemand gerät in einen Tobsuchtsanfall, wenn er eine Katze sieht, die doch stets mit allen Mitteln – Stöcken, Steinen und Hunden – verjagt werden muss. »Kusch!« und: »Such doch das Kätzchen! Wo ist die Katz – Katz – Katz?« Denn es ist doch zu komisch, nicht wahr, wenn ein Köter hinter der Katze her ist, und die springt auf einen Zaun und faucht von oben gebuckelt herunter. Ja, das ist eine Freude. Denn der Zwist der anderen, das ist immer schön.

Wenn man aber die Lebewesen von klein auf richtig erzieht, in dem einzig möglichen Stadium abfängt, wo das Gehirn noch weich ist, wo es noch Eindrücke und Lehren empfangen kann – wenn man ihnen dann den Frieden als eine Selbstverständlichkeit aufzeigt, dann geht es auch. Es geht sogar besser. Aber freilich, die unvernünftigen Tiere haben keine Fahnen, keine Stahlhelme, keine Privatdozenten, die den Krieg sittlich fundieren, und keine Heldenmütter, die ihre Kinder für das Schussfeld eines MG aufziehen. Das haben die Tiere alles nicht.

Die Pariser Katzen und Hunde werden also mit Erfolg zum Frieden erzogen. Ein ererbter Friede. Und wann treten wir an die Menschen heran? Wenn sie reif, erwachsen, ernsthaft, hart und fast unempfänglich geworden sind – wenn sie die alten Kinderlehren fest in Fleisch und Blut haben. Und wer hat bei uns die Kinder?

Geschichtslehrer, die zum Kriege hetzen; Universitätsprofessoren, die zum Kriege hetzen; Kindergärtnerinnen, die zum Kriege hetzen. Und dann leben wir nachher mit aller Welt, und mit Frankreich insbesondere, im Streit – wie Hund und Katze. Nein, leider nicht wie diese Hunde und diese Katzen. Sondern wie Hyänen: wie Ludendorff und Léon Daudet.

KATZE UND HUND

Mirok Li

In der guten alten Zeit hatten die Hunde die Katzen lieb und trugen sie auf ihren Rücken, wenn sie miteinander weite Wege gehen oder schwimmen mussten, denn die Katzen mögen nicht gerne nass werden.

Ein alter gutherziger Mann in Seoul nahm seinen Hund und seine Katze immer mit, wenn er aus dem Hause ging. Rechts ging der Hund und links die Katze. Wenn er unter einem Baum saß und sich ausruhte, legte sich der Hund vor ihm hin, während die Katze auf seinem Schoß schlief. Die beiden Tiere wurden gestreichelt und gelobt und waren glücklich bei ihrem Herrn.

Als sie eines Tages von einem Spaziergang nach Hause zurückgekommen waren, erschrak der alte Mann, weil er seinen Edelstein verloren hatte. Er war aus der Tasche gerutscht. Seine Frau und seine Kinder suchten im ganzen Haus und in der Umgebung nach dem Schatz. Auch der Hund und die Katze gingen auf die Suche, kamen aber immer wieder betrübt zurück und kauerten traurig vor dem alten Mann nieder, der vor Kummer fast krank geworden war.

Sobald der Tag anbrach, gingen die beiden Tiere wieder hinaus, um den Edelstein zu suchen. Oh, welche Freude, als der Hund eines Tages den großen gelben sechseckigen Stein fand! Er heulte und bellte, was das Zeug hielt, und die Katze machte ihre schönsten Sprünge. Darauf kugelten sie miteinander um den Stein, bis sie müde wurden.

Der Hund nahm den Edelstein nun ins Maul, und die Katze lief neben ihm her, ganz glücklich und erleichtert. Als sie an einen großen Fluss kamen, sagte der Hund zu seiner Freundin: »Jetzt nimm du den Stein, ich muss schnaufen, wenn ich schwimme. Dafür darfst du wieder auf meinem Rücken sitzen.«

Die Katze nahm den Edelstein ins Maul. Er war aber so groß, dass er leicht herausfallen konnte, wenn sie nur einen Augenblick lang nicht fest genug auf ihn biss. »Halt ihn aber fest«, brummte der Hund, nachdem er eine Zeitlang die unbeholfene Katze mit ihrem winzigen Mäulchen beobachtet hatte. »So, jetzt sitz auf!«

Er schwamm aus Leibeskräften quer durch den Strom, er schnaufte und keuchte, weil er seine Freundin auf dem Rücken hatte. Obendrein hatte er Sorge um den Stein, der jeden Augenblick aus dem Maul der Katze herunterfallen konnte. Inmitten des Flusses fragte er: »Hast du den Stein noch im Maul?« Die Katze aber sagte nichts. Sie schien aus lauter Angst vor dem großen Wasser die Sprache verloren zu haben. »Hab keine Angst«, sagte der Hund beruhigend. »Ich bin ein ausgezeichneter Schwimmhund, verlass dich nur auf mich!«

Als der Fluss dreiviertel überwunden war, fragte er noch einmal: »Sag, hast du den Stein noch im Mund?« Die Katze sagte wieder nichts. »So sag doch, ob du den Stein im Maul hast, du Feigling!« Die Katze wurde nun auch etwas zornig über diese Beschimpfung und rief: »Du dummer Hund, der Stein fällt mir ja aus dem Maul, wenn ich spreche!« Aber, oh je! Als sie das gesagt hatte, hatte sie keinen Stein mehr im Maul!

Jetzt waren sie über dem verhängnisvollen Fluss, aber ohne den Edelstein. Traurig guckte der Hund in das Wasser hinein, während die Katze ihn beschimpfte als den dümmsten Hund der Welt.

Seitdem fauchen die Katzen, wenn sie die Hunde sehen, und die Hunde bellen, weil die Katze doch daran schuld war, dass der Edelstein verlorenging.

Die **ZEIT** verrinnt,
Nacht folgt auf Nacht,
und immer noch die **KATZE**
träumt; mit sanften Augen,
goldgesäumt, hält sie
auf ihrem Teppich Wacht.

Oscar Wilde

LASS LOS

Vielleicht kannst du manchmal nicht einschlafen, weil sich in deinem Kopf ein wildes Gedankenkarussell dreht, das nicht zum Stillstand kommt. Situationen und Erlebnisse des vergangenen Tages, der letzten Wochen oder aus weit entfernter Vergangenheit kommen immer wieder und lassen sich einfach nicht abschütteln.

Wenn du so daliegst und deine Gedanken rasen, dann steig einfach aus dem Karussell aus. Lege beide Hände sanft auf deinen Bauch und atme ganz bewusst tief ein. Spüre dabei, wie sich der Bauch und Brustkorb anheben und mit Luft füllen. Dann atmest du wieder aus und lässt alle Anspannung und alle unerwünschten Gedanken mit der Atemluft los. Mach das Ganze dreimal hintereinander. Sobald du dich mit deiner Atmung wieder in die Gegenwart geholt hast, sag mehrmals hintereinander diesen Satz laut auf: »Ich lasse die Vergangenheit los.«

Fühle die Erleichterung und das Wohlgefühl, die dir dieser Satz schenkt, und kuschle dich noch einmal gemütlich ein. Und dann schlaf gut!

DIE KATZE UND DIE FRAU

Vor langer, langer Zeit lebte die Katze nicht in den Häusern der Menschen, sondern wild im Busch. Sie fühlte sich aber einsam und dachte, sie wolle sich einem starken und mächtigen Wesen anschließen. Zuerst schloss sie Freundschaft mit einem Hasen und begleitete ihn überallhin.

Eines Tages bekam der Hase Streit mit einem Hirsch, dieser kämpfte gegen den Hasen und tötete ihn mit dem Geweih. So zog die Katze mit dem Hirsch weiter. Eines Tages aber sprang aus einem Hinterhalt ein Leopard auf den Hirsch und brachte ihn um. Die Katze plante, sich an den Leoparden zu halten, als dieser sich aber an dem Fleisch des Hirschs satt essen wollte, erschien ein Löwe und vertrieb den Leoparden mit ein paar Prankenhieben.

Also lebte die Katze mit dem Löwen zusammen und glaubte, endlich den mächtigsten Begleiter gefunden zu haben. Eines Tages stießen Löwe und Katze jedoch auf eine Elefantenherde. Die Katze kletterte schnell auf einen Baum, der Löwe jedoch wurde von den Elefanten zertrampelt. Die Katze dachte: »Größere und stärkere Tiere als die Elefanten gibt es nicht. Mit ihnen muss ich Freunschaft schließen.« Während sie noch überlegte, wie sie das anstellen sollte, schoss ein Jäger aus einem Busch heraus einen giftigen Pfeil auf den Elefanten. Dieser sank tot zu Boden und die restliche Herde raste in panischem Schrecken davon.

Die Katze, immer noch auf dem Baum, dachte weiter nach: »Dieses seltsame zweibeinige Wesen sieht zwar nicht besonders stark aus – aber es hat doch den Elefanten überwunden. Ich muss versuchen, mit diesem Fremdling Freundschaft zu schließen.«

Also folgte sie in sicherem Abstand dem Jäger bis zu dessen Haus. Sie wartete schüchtern einstweilen vor dem Haus, als der Jäger hineinging. Bald war aus dem Hause fürchterliches Schreien und Schimpfen zu hören. Die Tür flog auf, und heraus rannte der Jäger, hinter ihm drein die Frau, die ihn mit einer Holzkelle schlug.

Da sagte sich die Katze: »Nun endlich habe ich das stärkste aller Lebewesen gesehen, dasjenige, vor dem sich auch jener, der den Elefanten überwunden hat, fürchtet! Mit diesem Wesen will ich zusammenleben!«

Und sie ging ins Haus und in die Küche.

ALLES FÜR DIE KATZ

Das Aussitzen eines Problems – wie es auch Politiker zuweilen tun –, habe ich noch Jahrzehnte später bei vielen Katzen beobachtet. Wenn unser Hund eine Katze aus dem Garten jagen wollte, saßen die Dachhasen im Nu auf einem hohen Ast, darunter der ungeduldige Hund. Aus luftiger Höhe wurde miaut, tiefer unten gejault. Im Allgemeinen gab der Hund als Erster auf.

Vor allem unser Mischling Jacobowsky hielt es für seine Pflicht, Eindringlinge aus seinem Terrain zu verscheuchen. Mitunter glückte das recht schnell. Doch wenn ein wehrhafter Kater einfach stehen blieb, die Krallen ausfuhr und fauchte, traute sich Jacobowsky keinen Zentimeter näher heran und versuchte erfolglos, den Störenfried durch Kläffen in die Flucht zu schlagen.

Im Inneren aber war besagter Jacobowsky, ein hochbeiniger Halbdackel, trotz seines Namens eine Hündin mit mütterlichen Instinkten. An einem warmen Sommerabend wurde bei uns gegrillt, der Geruch von gebratenem Fleisch lockte ein winziges Kätzchen aus der näheren Umgebung heran. Das kleine Ding war noch so jung, dass es nichts von der uralten Feindschaft zwischen Hund und Katz ahnen konnte. Furchtlos, neugierig näherte es sich unserem Jacobowsky, der ein wenig ratlos und verlegen reagierte. Einen solchen Dreikäsehoch konnte er beim besten Willen nicht unter lautem Gekläff davonjagen.

Aus dieser ersten Begegnung entwickelte sich eine rührende Tierfreundschaft. Jacobowsky pflegte sein adoptiertes Baby immer wieder gründlich abzuschlecken. Unsere Kinder nannten das Kätzchen *Tamerlan*, und seit sie den Zeichentrickfilm *Aristocats* kannten, war klar, dass Katzen viel Musik brauchen. Also sangen wir ein Lied, dessen Text von Tucholsky stammt:

> Tamerlan war Herzog der Kirgisen,
> und jeder Mensch in Asien wusste, wo er war.
> Tamerlan ritt über grüne Wiesen
> und wo der Junge einmal hintrat, wuchs kein Gras ...

Unser Kirgisenherzog schien dieses Lied zu lieben. Im Gegensatz zu seinem Namensgeber war er feinsinnig – und nicht mehr heimatlos. Die Nachbarn, denen Tamerlan ursprünglich gehörte, sahen bald ein, dass es keinen Zweck hatte, seine Anhänglichkeit zu unterbinden. Jacobowsky und Tamerlan lagen einträchtig auf unserem Sofa, teilten sich Katzen- oder Hundefutter und vergnügten sich in unserem und anderen Gärten. Nach etwa einem Jahr wurde Tamerlan überfahren, das traurige Los vieler frei herumlaufender Katzen. Jacobowsky vermisste seinen Augapfel, das Fressen schmeckte ihm nicht mehr. Eine Zeitlang war er untröstlich, benahm sich fortan aber nachsichtiger im Umgang mit streunenden Katzen.

DER KATER

Christian August Fischer

Jetzt war guter Rat teuer. Der Wagen musste aufgerichtet, der desertierte Kater gesucht werden. Der Bediente sah nach einigen Bauern im Feld, ich und Lorchen aber, wir beschlossen, in den Wald zu gehen.

Es war schon ziemlich dunkel, und der Mond ging hinter den Bäumen auf. Lorchen fasste mich bei der Hand und fragte, ob ich mich fürchtete. Ich verneinte es, aber so ganz beherzt war ich denn doch nicht. Wir riefen mehrmals, aber es war kein Kater zu hören oder zu sehen. »Ach Herr Jesus, Herr Jesus«, schrie Lorchen auf einmal, stürzte und zog mich mit ins Gras.

Ich war selbst erschrocken, unterdessen sahen wir ein Eichhörnchen vorbeispringen. Lorchen schloss mich in ihre Arme, mein Gesicht kam auf ihrem Busen zu liegen. Ich zitterte am ganzen Leib, wie leicht konnte sie mein Geschlecht erkennen! »Du frierst ja, lieber Gustel«, sagte sie teilnehmend, und das Du entging mir nicht. Sie versuchte aufzustehen, mein Kopf sank in ihren Schoß, und ehe ich mich's versah, fühlte ich zwei glühende Küsse auf meinen Backen. »O über den verfluchten Kater«, sagte sie atemlos. »Was soll man nun machen?«

Ich besann mich jetzt, was ich einmal von meinem Vater gehört hatte. Um einen Kater zu locken, dürfe man nur das Miauen einer Katze nachahmen. Dieses tat ich denn so glücklich, dass der Flüchtling in wenig Minuten wiederkam. Kaum sah er uns, da sprang er Lorchen entgegen, sie nahm ihn unter den Arm, ich folgte hinterher, und so gelangten wir unter vielem Lachen zum Wagen.

»Hast du ihn denn, hast du ihn denn?«, rief die alte hustende Dame schon von fern, und Lorchen hielt den Deserteur triumphierend in die Höhe. Der Wagen war wieder aufgerichtet und das beschädigte Rad mit Stricken befestigt. Die gnädige Frau stieg mit ihrer Familie ein, ich aber und Lorchen, wir gingen langsam zu Fuß nebenher.

Hunde kommen, wenn sie GERUFEN werden. Katzen nehmen die Mitteilung zur KENNTNIS und kommen gelegentlich darauf zurück.

Mary Bly

SEI DANKBAR

Um abends leichter einschlafen zu können, kann es helfen, dir positive Dinge in Erinnerung zu rufen, die du tagsüber erlebt hast.

Überlege dir für den Anfang jeden Abend mindestens eine Sache, die dich glücklich gemacht hat, und schreibe sie auf. Sammle deine schönen Erinnerungen in einem Glücksmomente-Glas oder einem Tagebuch. So machst du dir beim Aufschreiben all die positiven Dinge in deinem Leben noch einmal bewusst, und du hast jederzeit ein paar glückliche Gedanken parat, die dir vielleicht an einem anderen Abend dabei helfen, zufrieden einzuschlafen.

Und je mehr du dich mit diesen schönen Gedanken beschäftigst und dir bewusst machst, wie viele schöne Dinge du jeden Tag erlebst, desto mehr davon werden dir jeden Abend einfallen. Außerdem wirst du bald auch im Alltag mehr positive Dinge entdecken, die dir sonst vielleicht entgangen wären.

DIE
KATZE
BEHÄLT IHREN
FREIEN WILLEN,
AUCH WENN SIE DICH
LIEBT, UND SIE WIRD
NICHTS FÜR DICH TUN,
WAS SIE FÜR
UNVERNÜNFTIG
HÄLT.

Théophile Gautier

DER RUHIGE GENUSS DES DEKORATIVEN

Julia Kospach

Sie heißt Texas und es ist Zeit, ihr ein Denkmal zu setzen. Für ihren Namen kann sie nichts. Ihr zum Zeitpunkt der Katzentaufe fünfjähriger Besitzer hatte damals eine kurzfristige Schwäche für den Buchstaben X. Die Alternative wäre Mexiko gewesen. Also sei's drum! Texas und ich waren über Jahre sozusagen Nachbarn. Regelmäßig, mitunter täglich stattete sie mir, von der benachbarten Terrasse und Wohnung kommend, Besuche ab. Sie war ursprünglich vom Land, fand sich aber rasend schnell ins Großstadtleben inklusive Terrassenlandschaft ein. Stets behielt sie ihr kugelrundes Babygesicht bei, ergänzte es nur im Lauf der Jahre um eine ebenso runde, wollige Gestalt, die übergewichtig zu nennen vonseiten der Besitzer streng verboten war. Wir sprachen stattdessen von untergroß.

Früh kultivierte Texas zahlreiche Eigenheiten, auf die wir uns beeilten einzugehen. Wir, das waren alle Bewohner der umliegenden Terrassenwohnungen, die Texas mitsamt den Räumlichkeiten als ihren Privatbesitz betrachtete. Irgendwann einmal flog auf, dass sie – wiewohl Gegenteiliges mit ihren Besitzern vereinbart worden war – mehrere Futterstellen unterhielt. Ein langjähriger katzenloser Nachbar zog aus, der Nachmieter fand in seinem Küchenschrank eine verräterische Sammlung zurückgelassener Katzendosen. Ich war erleichtert. Davor war der Verdacht zu Unrecht auf mich gefallen. Leise hat man mir zu verstehen gegeben, die Mitverantwortung für Texas' Stattlichkeit zu tragen.

Dass die Tierärztin sie zu meiner Überraschung als normalgewichtig bezeichnet hatte, wurde erst zum Running Gag, nachdem man mir diese zufällig einmal in der Straßenbahn gezeigt hatte – auch die Ärztin war sozusagen untergroß.

Texas blieb von all diesen Überlegungen, zu denen auch gehörte, sie als perfektes Garfield-Double nach Hollywood zu vermitteln, völlig unberührt. Stattdessen pflegte sie ihre Gewohnheiten. Eine davon war berückend: Texas fand sich selbst in der Gesellschaft von Blumen besonders schön. Also legte sie sich gerne direkt unter Blumenvasen oder Tontöpfe mit blühenden Gartenpflanzen. Im Spätsommer lag sie unter den leuchtenden Löwenköpfen von Dahlien, im Frühjahr unter den langen, spitz zulaufenden Rispen des Fingerhuts, im Herbst unter den Sträußen mit den letzten Kapuzinerkresseblüten, im Winter direkt auf dem Couchtisch neben der großen Glasvase unter den großen Sternblüten der dickstieligen Gerbera. Texas respektierte die Blüten. Von ihrer Seite gab es weder gelangweiltes noch hektisches Blüten-Gemetzel. Man existierte im gegenseitigen Dienste der Schönheitsmehrung und im ruhigen Genuss des Dekorativen.

TRAUET
euren Träumen,
denn das Tor
zur Ewigkeit ist
darin verborgen.

Khalil Gibran

EINE KREUZUNG

Franz Kafka

Ich habe ein eigentümliches Tier, halb Kätzchen, halb Lamm. Es ist ein Erbstück aus meines Vaters Besitz. Entwickelt hat es sich aber doch erst in meiner Zeit, früher war es viel mehr Lamm als Kätzchen. Jetzt aber hat es von beiden wohl gleich viel. Von der Katze Kopf und Krallen, vom Lamm Größe und Gestalt; von beiden die Augen, die flackernd und wild sind, das Fellhaar, das weich ist und knapp anliegt, die Bewegungen, die sowohl Hüpfen als Schleichen sind. Im Sonnenschein auf dem Fensterbrett macht es sich rund und schnurrt, auf der Wiese läuft es wie toll und ist kaum einzufangen. Vor Katzen flieht es, Lämmer will es anfallen. In der Mondnacht ist die Dachtraufe sein liebster Weg: Miauen kann es nicht und vor Ratten hat es Abscheu. Neben dem Hühnerstall kann es stundenlang auf der Lauer liegen, doch hat es noch niemals eine Mordgelegenheit ausgenutzt.

Ich nähre es mit süßer Milch, sie bekommt ihm bestens. In langen Zügen saugte es sie über seine Raubtierzähne hinweg in sich ein. Natürlich ist es ein großes Schauspiel für Kinder. Sonntagvormittag ist Besuchsstunde. Ich habe das Tierchen auf dem Schoß und die Kinder der ganzen Nachbarschaft stehen um mich herum.

Da werden die wunderbarsten Fragen gestellt, die kein Mensch beantworten kann: Warum es nur ein solches Tier gibt, warum gerade ich es habe, ob es vor ihm schon ein solches Tier gegeben hat und wie es nach seinem Tode sein wird, ob es sich einsam fühlt, warum es keine Jungen hat, wie es heißt und so weiter.

Ich gebe mir keine Mühe zu antworten, sondern begnüge mich ohne weitere Erklärungen damit, das zu zeigen, was ich habe. Manchmal bringen die Kinder Katzen mit, einmal haben sie sogar zwei Lämmer gebracht. Es kam aber entgegen ihren Erwartungen zu keinen Erkennungsszenen. Die Tiere sahen einander ruhig aus Tieraugen an und nahmen offenbar ihr Dasein als göttliche Tatsache gegenseitig hin.

In meinem Schoß kennt das Tier weder Angst noch Verfolgungslust. An mich angeschmiegt, fühlt es sich am wohlsten. Es hält zur Familie, die es aufgezogen hat. Es ist das wohl nicht irgendeine außergewöhnliche Treue, sondern der richtige Instinkt eines Tieres, das auf der Erde zwar unzählige Verschwägerte, aber vielleicht keinen einzigen Blutsverwandten hat und dem deshalb der Schutz, den es bei uns gefunden hat, heilig ist.

Manchmal muss ich lachen, wenn es mich umschnuppert, zwischen den Beinen sich durchwindet und gar nicht von mir zu trennen ist. Nicht genug damit, dass es Lamm und Katze ist, will es fast auch noch ein Hund sein. – Einmal als ich, wie es ja jedem geschehen kann, in meinen Geschäften und allem, was damit zusammenhängt, keinen Ausweg mehr finden konnte, alles verfallen lassen wollte und in solcher Verfassung zu Hause im Schaukelstuhl lag, das Tier auf dem Schoß, da tropften, als ich zufällig einmal hinuntersah, von seinen riesenhaften Barthaaren Tränen. – Waren es meine, waren es seine? – Hatte diese Katze mit Lammesseele auch Menschenehrgeiz? – Ich habe nicht viel von meinem Vater geerbt, dieses Erbstück aber kann sich sehen lassen.

Es hat beiderlei Unruhe in sich, die von der Katze und die vom Lamm, so verschiedenartig sie sind. Darum ist ihm seine Haut zu eng. – Manchmal springt es auf den Sessel neben mir, stemmt sich mit den Vorderbeinen an meine Schulter und hält seine Schnauze an mein Ohr. Es ist, als sagte es mir etwas, und tatsächlich beugt es sich dann vor und blickt mir ins Gesicht, um den Eindruck zu beobachten, den die Mitteilung auf mich gemacht hat. Und um gefällig zu sein, tue ich, als hätte ich etwas verstanden, und nicke. – Dann springt es hinunter auf den Boden und tänzelt umher.

Vielleicht wäre für dieses Tier das Messer des Fleischers eine Erlösung, die muss ich ihm aber als einem Erbstück versagen. Es muss deshalb warten, bis ihm der Atem von selbst ausgeht, wenn es mich manchmal auch wie aus verständigen Menschenaugen ansieht, die zu verständigem Tun auffordern.

DIE
KATZEN
SIND KATZEN, KURZ
GESAGT, UND IHRE
WELT IST DIE

WELT

DER KATZEN,
VON EINEM ENDE
ZUM ANDEREN.

Rainer Maria Rilke

BRIEF AN EINEN KATER

Kurt Tucholsky

Lieber Mingo,

du liegst grade, ein weißes Knäuel, unter dem Sofa, im Zimmer des blonden Engels, und wartest auf Konrad, der dir aus seiner Fabrik etwas mitbringen wird. Einen Wurstzipfel oder einen Knochen vom Kalbskotelett oder sonst etwas Eingewickeltes. Hättest du die Freundlichkeit, einmal zuzuhören? Komm heraus! He! Komm! Mies – mies – mies! Mingo! Mingo!

Du wärst keine richtige Katze, wenn du kämst. Und so muss ich mich denn vor das Sofa legen, platt auf den Boden, und dir unter die geschweiften Beine des Möbels herunterflüstern, was ich dir zu sagen habe. Hör zu.

Dass du in die Malerei eingegangen bist, weißt du ja. Die Japaner ... Ja, mach die Augen zu und schnurre im traumlosen Schlaf – es ist nicht neu. Aber in der Literatur, da muss man dich schon suchen, so viele gute Katzenbücher gibt es nicht. Wenn ein Sohn einmal promoviert, kannst du ihn ja eine Dissertation schreiben lassen: »Die Katze in der Geschichte der Völker mit besonderer Beziehung auf die Literatur des achtzehnten Jahrhunderts«. Sieh, was ich hier habe! Du siehst kaum auf. Fauler. Atmendes Kissen. Es ist ein kleines Buch, weiß wie du, heißt »Katzen« und ist von Axel Eggebrecht. Und – zerkratz den Deckel nicht – und ist bei Herbert Stuffer in Berlin erschie – – du sollst die Pfoten vom Deckel nehmen! Untier! Drache! Geschöpf! Mingo, das ist das allerreizendste Buch, das mir seit Langem unter die Kritikerkrallen gekommen ist.

Der muss dich sehr lieb haben, der Eggebrecht – der muss dich sehr genau kennen, dich und die ganze Katzenfamilie. Er versteht dich, weil er zugibt, dich nicht zu verstehen. Deine Zähigkeit, mit der du am Leben hängst, die Sinnlosigkeit dieses Lebens. Und wie noch eine verwilderte Katze eine Dame ist, bis in die letzte Schwanzspitze, und wie man eigentlich immer ein bisschen Angst vor dir haben muss, solche Angst, wie man sie vor einer Pistole hat, von der man nicht weiß, ob sie geladen ist oder nicht. Man weiß nicht. Mingo, was denkst du? Ach, lach mich nicht aus.

Ja, großmütig bist du, voll von einer stillen Verachtung für uns alle. In einem seiner ersten Romane hat Max Brod aufgedeckt, wie sich die Tiere über die Menschen heimlich lustig machten. Du verschmähst sogar das. Du siehst uns gar nicht mehr. Wie du ins Leere schaust! Wohin blickst du? In welcher Zeit lebst du? In deiner eigenen – in unserer nur, wenn du etwas zu fressen haben willst. Übrigens sehe ich dich nicht gern essen, die kleinen ruckenden, bösen Bewegungen, mit denen du schluckst. Verzeih. Und hör mal, Eggebrecht schreibt da zwei Dinge, die ich ihm gar nicht glauben will, du weißt das ja besser: Lieben sich Katzen auf dem Frühstückstisch? Am helllichten Tag? Und läuft eine Katze von ihren noch nassen Jungen fort, nach einem Tag? Sag mal – Mingo! Schläft. Nein, schläft nicht – blinzelt durch den dünnsten Spalt der Augenlider mich an, ich kann doch den Kopf nicht dauernd auf den Fußboden legen, wenn man auch von ihm – natürlich – essen könnte.

Mingo! Komm heraus. Kommt nicht.

Mingo, du kannst lesen, ich weiß es, du zeigst es nur nicht. Dieses Buch. Es ist so unsüßlich, so gar nicht verniedlicht, so unheimlich – und es ist in der Form so edel, wie du es bist. Es muss wohl Katzenmenschen und Hundemenschen geben. Magst du den Hund? Ich auch nicht. Er brüllt den ganzen Tag, zerstört mit seinem unnützen Lärm die schönsten Stillen und wird in seiner Rücksichtslosigkeit nur noch von der seiner Besitzer übertroffen. (Protest des Reichsbundes Deutscher Hundefreunde. Kusch.) Man kann dich nicht fangen, ich weiß. Aber bist du in diesem Satz nicht ganz enthalten? »Die Katze ist eine anarchistische Aristokratin, mit gesundem proletarischem Élan vital.« Das bist du.

So, nun stehe ich wieder auf. Und sitze plötzlich in dem silbergrauen Paris und denke an dich, an dich und den blaugrauen Angorakater, der so klein war, dass er nicht einmal einen Namen hatte. Er konnte einem grade entgegenwackeln, wenn man ins Zimmer kam, und dann aß er nichts mehr und dann starb er, und nun liegt er in meinem Garten a. D. von Fontainebleau.

Einen Gruß, Mingo! An dich und an alles, was schön ist und rätselhaft, überflüssig und geschwungen, unergründlich und einsam und ewig getrennt von uns: also an die Katzen und an das Feuer und das Wasser und an die Frauen.

Mit einem herzlichen Fellgestreichel
und Grüßen an die Herrschaften, die bei dir wohnen.

Dein Peter Panter

Peter Panter
Vossische Zeitung, 25.11.1927

Aber die **KATZE** ist ein

FREIES TIER,

du spielst nicht mit ihr,
sie spielt mit dir.

Friedrich Rückert

CAFÉ-CHANTANT

Nach dem Souper. Der junge Gatte sitzt in einem niedrigen Fauteuil, raucht Caravopoulo, Cigarettes des Princesses. Die junge Dame hockt neben ihm, hat ein schwarzes seidenes Kleid an, der Hals ist entblößt, umrandet von einer Tüllkrause, die mit weißen Perlen bestickt ist. Sie stützt die Ellbogen auf die Knie, den Kopf auf die Handrücken, schaut zum Gatten auf. Plötzlich legt sie die Hand wie schmeichelnd, bittend, auf die seine – – –.

»Was hast du – – –?!«, sagt er sanft, »bist du müde, hast du dich nicht amüsiert?! Du hast ja so gelacht – – –!? Pupperl, Gutes, Braves – – –!«

»Was ist denn mit dir – – –?!«, sagt er, »Anita – – –?!«

»Nichts – – –. Wir sind schwerfällige Wesen, ja, das sind wir. Können wir stehen, gehen, uns verneigen – – –?! Die Aristokraten können es, die sind elastisch. Nichts von sich spüren, wie schön wäre das – – –!«

Er lächelt, sagt: »Woran denkst du?! Womit beschäftigst du dich?! Die Katzen waren reizend, besonders die hellgraue. Diese Dressur – – –!«

»Katzen sind graziös, leichtfüßig, beweglich«, sagt sie, »man erzählt, dass viele Dichter Katzen liebten, ich verstehe das, sie sind beweglich wie die Künstlerseelen, nichts hält sie auf, sie gleiten – – –. Wir aber sind schwerfällige Wesen, gut für den Hausgebrauch, so ›Wäschezettel-Kontrolleusen‹! Sage ›Ja‹ –! Denkst du an die hellgrauen Katzen?! Ich denke nicht an diese – – –.«

Er: »Du bist wie einer, der vom hellen Lande zurückkehrt, von einer Heimat, von Musik – – –. Was ist es?! Ich nehme dich nie mehr mit – –. Nein, ich mache nur Spaß. Wenn du dich amüsiert hast!? Hast du Kopfweh, Anita?!«

»Nein – – –. Wo ist die Bewegung hingekommen, die überall ist, wo etwas Schönes wird?! Die Schwalben zum Beispiel, die Leoparden, die Dichter –! Die Griechen liefen und die Erde rennt wie rasend um die Sonne und um sich. Darum ist das alles schön. Auch das Wasser rennt, fliegt. Und wenn es nicht fliegt, wird es ein Sumpf. Wir aber sind schwerfällige Wesen – –. Ah, Chanteuse drolatique, Danseuse – –!«

Er: »Mademoiselle Paquerette?! Die ›Excentrique‹ – – –?!«

Sie: »Was ist die Duse? Bewegung! Mitterwurzer? Bewegung! Rubinstein?! Bewegung! Bewegung – –! Wie wunderbar war diese ›übermütige Laune der Gelenke‹!«

Er: »Anita – – –!«

Sie: »Ja, Mademoiselle Paquerette ist die Bewegung, die Bewegung, die ihre eigene Orgie feiert, die vor überschüssiger Kraft exzediert, sich ironisiert, sich überschlägt, sich schüttelt und vor Lachen über sich selbst zerplatzen möchte. Ein gamin ist sie, ein Mäderl, ein Püppchen, ein Genie, ein Kreisel, ein Lebendiges! Kann die altern?! Das ist so schön – – –! Wie die Natur sein! Ich glaube, Katzen merkt man das Alter nicht an. Und Dichtern – – –?! Paquerette wird nie alt werden! Wie stürzendes Wasser ist sie –. Wir aber sind schwerfällige Wesen. Sage ›Ja‹ – –!«

Er: »Paquerette ist die ›Gracie im Rausche‹, die Gracie, die übermütig geworden ist und schwankt –.«

Sie: »Nein, sie ist das Leben einfach, wie es sein sollte, überall – – –. Alles wirklich, tief vom Innersten heraus Lebendige hat seine Räusche, seine Exaltationen, seine Exzentrizitäten, seine Torheiten, seine Kindlichkeiten! Paquerette repräsentiert eine Fülle, einen Überschuss. Das ist so wunderbar, überall, wo wir es antreffen, dieses reizende Überschüssige im Leben, an Geist, an Seele, an physischer Bewegung! Wir aber haben das ›Notwendige‹, dieses kriechende ›Notwendige‹, in allem! Oh, sage ›Ja‹ –.«

Er: »Liebes, Herziges, du bist ja ganz aus dem Häuschen. Du liebst Paquerette!«

Sie: »Jawohl, ich liebe sie. Bist du eifersüchtig?!«

Er: »Beinahe – – –.«

Sie: »Ich liebe mich in ihr, sie ist gleichsam eine Seite unseres Wesens, die im Leben verkümmert, nicht zur Entwickelung kommen kann im schweren Dasein. Ich möchte manches Mal so etwas laut Lachendes sein zum Küssen, etwas wie ein gewordenes Räuschchen, eine kleine Puppe, die mit den Beinen strampelt – –.«

Sie stützt den Kopf in die Hand.

Er: »Was hast du – – –?!«

»Nichts – – – –. Liebst du mich noch?

Oh, sage ›Ja‹ – –. Ich habe aber gar keine Bewegung – – –.«

Er: »Ist Schwärmerei nicht Bewegung der Seele, Liebste?! Und du kannst so schön schwärmen für diese Danseuse drolatique – – –!?«

Sie: »Guter – – –! Bester!«

Er küsst sie sanft auf die Haare – – –.

EINE DÖSENDE KATZE IST DAS ABBILD PERFEKTER SELIGKEIT.

≫—→ ❤ ←—≪

Jules Champfleury

AUF DER EINSCHLAFWELLE SURFEN

Einfach immer und überall einschlafen zu können, wäre märchenhaft. Leider ist es oft nicht so leicht, zur Ruhe zu finden. Und das liegt nicht nur an einem vielleicht stressigen Alltag oder einem aktiven Gedankenkarussell.

Einschlafschwierigkeiten können auch daran liegen, dass du es einfach nicht zum richtigen Zeitpunkt versuchst. Denn unser Körper funktioniert in einem bestimmten Rhythmus, und der sieht nur circa alle 90 Minuten für kurze Zeit eine ruhigere Phase vor, während der uns das Einschlafen leichtfällt.

Außerdem gilt, dass du wahrscheinlich auch besser durchschlafen kannst, wenn du zum richtigen Zeitpunkt eindöst. Verpasst du die Müdigkeitswelle, die dein Körper vorgibt, musst du 90 Minuten auf die nächste Einschlafphase warten.

Hör also auf deinen Körper und leg dich schlafen, wenn deine innere Uhr das Signal dazu gibt. Dann hast du gute Chancen auf eine ruhige, erholsame Nacht.

WAHLVERWANDTSCHAFTEN UND TODFEINDSCHAFTEN

Anna Mitgutsch

Ich konnte nie ergründen, wie streunende Katzen ihre Menschen und Häuser auswählen. Eines Tages saß eine bis dahin nie gesehene Katze auf den Hausstufen, wartete an der Tür wie ein Besucher, der zufällig schon da war, als wir nach Hause kamen, unaufdringlich und reserviert, aber bereits entschlossen, dass sie dieses Haus besitzen wollte und kein anderes. Als sie auch am nächsten und übernächsten Tag da war, stellte ich ihr einen Teller mit Katzenfutter vor die Tür, sie übereilte nichts, als wolle sie uns bedeuten, dass sie nicht bloß gekommen sei, um zu betteln, sondern um das Terrain zu sondieren, ließ sich gnädig herab, von Fancy Feast für verwöhnte Vierbeiner zu kosten, erst vor der Tür, am nächsten Tag auf der Schwelle.

Noch ließ sie sich bitten, hereinzukommen, ließ uns Bücklinge machen und sie in der Babysprache umwerben, die unser Sohn sich längst verbat, bis sie das Haus in Augenschein nahm und wir vor Erwartung den Atem anhielten: Würden wir ihrer Prüfung standhalten? Als künftiger Besitzer erkundete sie ein Zimmer nach dem anderen, sprang dann mit ihrem leisen beiläufigen Katzengruß aufs Sofa und rollte sich dort auf dem Polster ein, den Kopf in der Kuhle zwischen Fuß und Bauch, Schwanz rundherum.

Sie war die schönste Katze, die man sich vorstellen konnte, mit großen grünen Mandelaugen, einem weichen gelb getigerten Angorafell und der Grazie einer Tänzerin. Es gab keine Haltung, stehend, sitzend oder liegend, wach oder schlafend, in der sie nicht fotogen war wie ein Model für einen Katzenkalender.

Und sie gehörte ab jetzt uns, das heißt, wir gehörten ihr. Noch nie hatten wir ein so großzügiges Geschenk bekommen, ohne das Geringste zu tun, um es zu verdienen, und wir erwiesen uns dienstfertig und dankbar. Bevor sie noch bereit war, sich von uns streicheln und auf den Arm nehmen zu lassen, waren wir ihr schon untertan.

Wir nannten sie Ref, unsere Abkürzung für refugee, und erfanden Geschichten über ihre Herkunft, Joe ging so weit zu spekulieren, ob sie seine reinkarnierte Großmutter sein könnte. Wir richteten das Haus für sie ein: eine Klappe im Fenster, damit sie nicht mehr vor der Tür warten musste, eine Kiste, Futterschüsseln für weiche, harte und flüssige Nahrung, die auf der Anrichte darauf wartete, gefressen zu werden, einen Katzenkamm, ein Körbchen, das sie nie benützte. Dann brachten wir sie zum Tierarzt und fanden heraus, dass unsere zugelaufene Katze ein kastrierter Kater war und starke Vorlieben und Aversionen hatte. Er fauchte mit gesträubtem Fell beim Anblick des Briefträgers, und in seinem Katzenkäfig auf dem Weg zum Tierarzt wehklagte er und warf sich gegen die Gitterstäbe, als werde er zu seiner Hinrichtung gefahren. Wir fürchteten, er werde uns auf diesen Vertrauensbruch hin sofort verlassen, aber er blieb, wenn auch wachsam. Sobald der tragbare Käfig im Wohnzimmer auftauchte, war Ref unauffindbar. Mit der Zeit fand er sich damit ab, dass er ganz nette, meist verlässliche Menschen hatte, die ihn jedoch hie und da in einem unerklärlichen Anfall von Sadismus zu einem Katzenquäler brachten, wo man ihn mit Nadeln stach und ihm mit Metallgegenständen im Maul herumstocherte. Ref ist hier, raunten die Sprechstundenhilfen beim Tierarzt einander zu und zogen feste Handschuhe an und die Ärmel bis übers Handgelenk herunter, um ihn im Sprechzimmer zu dritt zu bändigen, während er die Katzen im Wartezimmer durch sein herzzerreißendes Jammern zu Heulorgien anstachelte.

Wieder zu Hause war er sanft und zärtlich, er trug uns den Verrat nicht nach, ließ sich am liebsten wie ein Kleinkind an den Oberkörper geschmiegt über der linken Schulter tragen und schnurrte uns dabei tief aus der Kehle ins Ohr. Am Abend wärmte er uns die Betten vor, holte unseren Sohn zum Abendessen, wartete bei Tisch, was für ihn abfiel, und es fiel immer etwas ab, und ging dann zum Katzenkonvent, der bereits jaulend in der Dunkelheit auf ihn zu warten schien. Erst gegen Morgen sprang er auf unser Bett, an regnerischen Herbsttagen kalt und durchnässt, um sich an unseren Füßen zu wärmen.

Ref hatte ein gutes Leben, das viele Jahre dauerte, die wir nicht zählten. Er schlief viel, aß gut und oft, am liebsten aß er Shrimps, brachte in jüngeren Jahren auch manchmal einen Vogel als Geschenk nach Hause, bis er begriff, dass er dafür kein Lob bekam, führte daneben sein eigenes geheimes Leben, aus dem er erschöpft nach Hause kam, wann es ihm beliebte, und verschlief viele Sommer- und Wintertage, sogar im Schlaf noch eine Augenweide und unser Stolz.

Es gibt nichts
WEICHERES,
nichts, was sich feiner,
zarter und wertvoller
anfühlt als das
FELL einer Katze.

Guy de Maupassant

TRIKOLOR –
ODER WENN KATZEN LIEBEN   Christa Jekoff

Ich wollte Katzen – das war der einzige Grund für mich, aufs Land zu ziehen. Natürlich kann man Katzen auch in einer Stadtwohnung halten, doch meine Katzen sollten durch hohes Gras streifen und in den Baumkronen klettern können, sich auf sonnenwarmer Erde aalen und Mäuse fangen. Wenn man eine Katze in freier Wildbahn erlebt hat, dann wird jede Wohnung zum Käfig.

Schon lange bevor wir ein Haus auf dem Land kauften, hatte ich alles ganz genau geplant: ich würde sofort nach dem Umzug die Zeitung aufschlagen und nach einer Anzeige *Kleine Katzen abzugeben* Ausschau halten. Doch wie immer im Leben, wenn man es mit Katzen zu tun bekommt, wird jede Planung zur Farce: Der Mensch denkt, die Katze lenkt …

Zu dem Haus, für das wir uns entschieden, gehörte ein zwei Jahre alter roter Kater, den seine Leute nicht mitnehmen konnten. Er blinzelte uns verschlafen aus seinem Körbchen an, und natürlich sagten wir ja. Als wir das nächste Mal kamen, lag Nicki, so hieß unser Adoptivkater, wieder in seinem Körbchen. Doch diesmal blickte er uns aus seinen bernsteinfarbenen Augen völlig verstört entgegen. Dieser Katzenkorb war der einzige Gegenstand, den die Vorbesitzer zurückgelassen hatte. Ich habe nie etwas Anrührenderes gesehen als diesen verlassenen Kater in dem leeren Haus.

Während der nächsten Wochen erledigten wir, bevor wir einziehen konnten, die dringendsten Renovierungsarbeiten. Natürlich verbrachten wir so viel Zeit wie möglich mit Nicki, fütterten ihn mit seinem Lieblingsfutter, brachten ihm jeden Tag frisches Tartar mit und ein Stückchen Fleischwurst, seine Lieblingsspeise. Es war jeden Tag das gleiche Bild: Obwohl es Frühling war und er das Haus verlassen und wieder hereinkommen konnte, wann immer er wollte, lag er stets in dem Korb und starrte auf die Tür, um die Rückkehr seiner Leute nicht zu verpassen. Nur langsam wich die anfängliche Verstörtheit in seinem Blick einer großen Traurigkeit, so als hätte er begriffen, dass sie nicht mehr kommen würden. Wenn Katzen lieben, lieben sie ganz.

Und eines Tages, es war kurz vor unserem Umzug, schauten wir in vier Augen: die beiden schon vertrauten bernsteinfarbenen und zwei grüne, kunstvoll umrandet wie von einem Kohl Kajal-Stift. Sie gehörten einer schwarz-weißen Katzendame, mit der unser Kater sein Körbchen teilte. Nicki hatte getan, was alle Männer tun, die sich einsam fühlen – er hatte sich mit einer Freundin getröstet.

Nickis Freundin war herrenlos. Wir nannten sie Lulu, und von Stund an hatten wir zwei Katzen. Erleichtert stellten wir fest, dass Nicki anfing, sich wieder wie ein normaler Kater zu benehmen. Er verließ mit Lulu zusammen das Haus und genoss die Frühlingssonne. Pünktlich zu den Mahlzeiten stellten sich beide wieder ein, begrüßten uns, ergriffen nach und nach von allem Besitz, vom Inventar des Hauses, von uns … Und wie alle Katzenbesitzer machten wir die Erfahrung, dass nicht sie uns, sondern wir ihnen gehörten. Wir waren jetzt ihre Menschen – eine große, sich stets zu vergegenwärtigende Ehre.

In den Wirren des Umzugs hatten wir uns keinerlei Gedanken über die Fortpflanzung der Katzen gemacht. Wie gesagt, es war Frühling, und nach einer gewissen Zeit – Katzen tragen drei Monate – war nicht mehr zu übersehen, dass die Zunahme des Leibesumfangs unserer Lulu nicht auf zu reichliches Futter, sondern auf baldigen Katzennachwuchs zurückzuführen war. Natürlich hielten wir Nicki für den Vater – bis wir zur Kenntnis nahmen, dass unser Kater kastriert und somit zeugungsunfähig war. Lulu hüllte sich, die Vaterschaft betreffend, in Schweigen, zumindest uns gegenüber, und Nicki trug den Zustand seiner Freundin sehr gelassen – bis auf den letzten Abend vor der Geburt der Kätzchen.

Es war ein warmer Juniabend. Wir saßen im Garten und grillten, um uns herum wie immer die Katzen in Erwartung, dass etwas für sie abfiel, als Nicki plötzlich heftige Aggressionen gegen seine hochschwangere Freundin entwickelte. Wir haben uns noch oft gefragt, was damals in diesem sonst so sanften Kater vorging. Zweifellos wusste er, was bevorstand. War er eifersüchtig? Ahnte er, dass er während der nächsten Monate bei der Katzenmutter abgeschrieben sein würde? Mehrfach versuchte er, die aufgrund ihres Umfangs schwerfällig gewordene Lulu zu verprügeln, so dass wir energisch einschreiten mussten. Nicki setzte sich daraufhin schmollend auf einen Gartenstuhl, und Lulu verschwand in der Dunkelheit. Am anderen Morgen, es war ein Sonntag, sahen wir eine schlanke Lulu aus der Werkstatt meines Mannes kommen. Wir hatten sie während der letzten Tage schon häufig diesen Raum inspizieren sehen, und mein Mann hatte wie zufällig (Katzen lassen sich ja bekanntlich keinen Platz zuweisen) einen Pullover in einem Karton liegen lassen. Als wir nun nachsehen gingen, entdeckten wir dort vier neugeborene Kätzchen. Eines von ihnen hatte wie auf wundersame Weise die Farben von Nicki und Lulu: Schwarz, Weiß, Rot.

Damals wusste ich noch nicht, dass schwarz-weiß-rote Katzen immer etwas ganz Besonderes sind und sich dadurch auszeichnen, dass bei ihnen alle Katzeneigenschaften ausgeprägter sind als bei anderen Katzen. Ich nahm dieses dreifarbige Katzenkind – noch mehr ein Maulwurf – in die Hand. Dich behalte ich, flüsterte ich ihm ins rote Öhrchen. Es war der Beginn einer großen Liebe, die achtzehn Jahre dauern sollte.

Nicki wurde übrigens ein liebevoller Katzenvater.

Drei Dinge HELFEN, DIE MÜHSELIGKEITEN DES LEBENS ZU TRAGEN: DIE HOFFNUNG, DER SCHLAF UND DAS LACHEN.

Immanuel Kant

DUFTENDE HELFER

Es fällt nicht immer leicht, ruhig zu schlafen, wenn der Alltag sehr stressig ist. Falls du beim Ein- und Durchschlafen Unterstützung brauchst, nutze die beruhigende Wirkung ätherischer Öle. Der Duft ätherischer Essenzen aus Baldrian, Lavendel, Melisse, Orange oder Salbei kann dir helfen, tiefen und erholsamen Schlaf zu finden.

Wenn du dein Zuhause mit einer Katze teilst, solltest du allerdings berücksichtigen, dass ätherische Öle bei Katzen anders wirken können als beim Menschen.

Baldrian zum Beispiel, der auf uns Menschen beruhigend wirkt, wirkt auf Katzen genau gegenteilig und würde deine Katze zu nächtlichen Spielattacken motivieren, die dir vermutlich den gerade gefundenen Schlaf wieder rauben.

DER ARME MÜLLERBURSCH UND DAS KÄTZCHEN

Jacob und Wilhelm Grimm

In einer Mühle, wo nur ein alter Müller lebte, der weder Frau noch Kind hatte, dienten drei Müllerburschen. Nachdem sie etliche Jahre bei ihm gedient hatten, sagte er zu ihnen: »Zieht einmal fort, und wer mir das beste Pferd nach Hause bringt, dem will ich die Mühle geben.« Der dritte von den Burschen war der Kleinknecht, der von den anderen für albern gehalten wurde, dem gönnten sie die Mühle nicht, und er wollte sie noch nicht einmal. Da gingen alle drei miteinander hinaus, und als sie vor das Dorf kamen, sagten die zwei zu dem albernen Hans: »Du kannst hierbleiben, du kriegst doch dein Lebtag keinen Gaul.« Der Hans aber ging trotzdem mit, und als es Nacht war, kamen sie an eine Höhle, und da legten sie sich schlafen. Die zwei Klugen warteten, bis Hans eingeschlafen war, dann standen sie auf, machten sich fort, ließen das Hänschen liegen und meinten, es recht fein gemacht zu haben: Ja, es wird euch doch nicht gut gehen! Wie nun die Sonne aufging und Hans aufwachte, lag er in einer tiefen Höhle, er guckte sich überall um und rief: »Ach Gott, wo bin ich!« Da erhob er sich und krabbelte aus der Höhle hinaus, ging in den Wald und dachte: »Wie soll ich nun zu einem Pferd kommen!« Indem er so in Gedanken dahinging, begegnete ihm ein kleines buntes Kätzchen, das sprach ihn an: »Hans, wo willst du hin?« – »Ach, du kannst mir doch nicht helfen.« – »Was dein Begehren ist, weiß ich wohl«, sprach das Kätzchen, »du willst einen hübschen Gaul haben. Komm mit mir und sei sieben Jahre lang mein treuer Knecht, so will ich dir einen geben, schöner, als du dein Lebtag einen gesehen hast.« Da nahm sie ihn mit in ihr verwünschtes Schlösschen, er musste ihr dienen und alle

58

Tage Holz klein machen, dazu kriegte er eine Axt aus Silber und die Keile und Säge aus Silber, und der Schläger war aus Kupfer. Nun, da machte er es klein, blieb bei ihm, hatte sein gutes Essen und Trinken, sah aber niemand als das bunte Kätzchen. Einmal sagte es zu ihm: »Geh hin und mäh meine Wiese und mach das Gras trocken«, und gab ihm eine Sense aus Silber und einen Wetzstein aus Gold, hieß ihn aber auch alles wieder richtig abliefern. Da ging der Hans und tat, was es geheißen hatte, und als er fertig war und die Sense, den Wetzstein und das Heu nach Haus brachte, fragte er, ob es ihm noch nicht seinen Lohn geben wollte. »Nein«, sagte die Katze, »du sollst mir erst noch eines tun: Da ist Bauholz aus Silber, Zimmeraxt, Winkeleisen und was nötig ist, alles aus Silber, daraus bau mir erst ein kleines Häuschen.« Da baute der Hans das Häuschen fertig und sagte, er hätte nun alles getan und noch kein Pferd. Die sieben Jahre aber waren ihm herumgegangen wie ein halbes. Da fragte die Katze, ob er ihre Pferde sehen wollte. »Ja«, sagte Hans. Da machte sie ihm das Häuschen auf, und wie sie die Türe so aufmacht, da stehen zwölf Pferde. Ach, die waren stolz, die hatten geblinkt und gespiegelt, dass sich sein Herz im Leib darüber freute. Nun gab sie ihm zu essen und zu trinken und sprach: »Geh nun heim, dein Pferd gebe ich dir nicht mit, in drei Tagen aber komme ich und bringe es dir nach.« Also ging Hans heim, und sie zeigte ihm den Weg zur Mühle. Sie hatte ihm aber kein neues Kleid gegeben, sondern er musste seinen alten lumpigen Kittel behalten, den er mitgebracht hatte und der ihm in den sieben Jahren überall zu kurz geworden war.

Wie er nun heimkam, da waren die beiden anderen Müllerburschen auch wieder da. Jeder hatte zwar ein Pferd mitgebracht, aber das eine war blind, das andere lahm. Sie fragten ihn: »Hans, wo hast du dein Pferd?« – »In drei Tagen wird's nachkommen.« Da lachten sie und sagten: »Ja, du Hans, wo willst du ein Pferd herkriegen, das wird was Rechtes sein!«

Hans ging in die Stube, der Müller sagte aber, er sollte nicht an den Tisch kommen, er wäre zu zerrissen und zerlumpt, man müsste sich schämen, wenn jemand hereinkäme. Sie gaben ihm sein bisschen Essen hinaus, und als sie abends schlafen gingen, wollten ihm die zwei anderen kein Bett geben, und er musste in den Gänsestall kriechen und sich auf ein wenig Stroh legen. Am Morgen, wie er aufwacht, sind schon die drei Tage herum, und es kommt eine Kutsche mit sechs Pferden. Ei, die glänzten, dass es schön war, und ein Diener brachte noch ein siebtes, das war für den armen Müllerburschen. Aus der Kutsche aber stieg eine prächtige Prinzessin und ging in die Mühle hinein, und die Prinzessin war das kleine bunte Kätzchen, dem der arme Hans sieben Jahre gedient hatte.

Sie fragte den Müller, wo der dritte Mahlbursch, der Kleinknecht, wäre. Da sagte der Müller: »Den können wir nicht in die Mühle nehmen, der ist so zerrissen und liegt im Gänsestall.« Da sagte die Prinzessin, sie sollten ihn gleich holen. Also holten sie ihn heraus, und er musste seinen Kittel zusammenhalten, um sich zu bedecken. Da packte der Bediente prächtige Kleider aus und musste ihn waschen und anziehen, und wie er fertig war, konnte kein König schöner aussehen. Danach wollte die Prinzessin die Pferde sehen, welche die anderen Mahlburschen mitgebracht hatten, eins war blind, das andere lahm. Da ließ sie den Bedienten das siebte Pferd bringen. Wie der Müller das sah, sprach er, so eins wäre ihm noch nicht auf den Hof gekommen.

»Und das ist für den dritten Mahlburschen«, sagte die Prinzessin. »Da muss er die Mühle haben«, sagte der Müller. Die Prinzessin aber sprach, das Pferd wäre seins, und er solle die Mühle auch behalten. Und sie nimmt ihren treuen Hans und setzt ihn in die Kutsche und fährt mit ihm fort. Sie fahren erst zu dem kleinen Häuschen, das er mit dem silbernen Werkzeug gebaut hat, da ist es ein großes Schloss, und alles darin ist aus Silber und Gold. Und da hat sie ihn geheiratet, und er war reich, so reich, dass er für sein Lebtag genug hatte. Darum soll keiner sagen, dass, wer albern ist, deshalb nichts Rechtes werden könne.

Wenn du ihre ZUNEIGUNG verdient hast, wird eine Katze dein FREUND sein, aber niemals dein Sklave.

Théophile Gautier

NERO CORLEONE

Elke Heidenreich

Die Madonnina lebte schon so lange auf dem Hof, dass niemand wusste, wie alt sie war. Zehn Jahre? Zwölf? Sechzehn? Oder vielleicht doch erst acht? Den Namen verdankte sie ihrem hellroten Kopf, dessen Fell genau in der Mitte fromm gescheitelt war, wie bei einer kleinen Madonna. Zweimal im Jahr bekam die Madonnina Junge, im Frühling und im Herbst, und wenn der Bauer die neugeborenen Katzen rechtzeitig in ihrem Versteck fand, dann ertränkte er sie. Rechtzeitig hieß: noch ehe sie die Augen offen hatten und hinter ihrer Mutter her auf den Hof getrippelt kamen. Dann nämlich brachte er es nicht mehr fertig und rief verzweifelt: »Troppi gatti! Troppi gatti!«, was heißt: »Zu viele Katzen! Zu viele Katzen!« Aber er ließ sie leben, suchte ihnen Plätze auf anderen Höfen, verschenkte sie, und was dablieb, wurde mit durchgefüttert. Da gab es Paolo, einen alten schwarzgrau getigerten Kater, der kaum noch Zähne hatte; es gab den Schönen Felix, ganz in Hellgrau, sehr elegant, aber als er noch jung und vorwitzig war, hatten ihm die Hühner ein Auge ausgepickt; es gab die rote Messalina und Biff und Baff, zwei verfressene Raufbolde, die den Hof ratten- und mäusefrei hielten; und alle Jahre wieder kam irgendein Junges der Madonnina dazu, und wenn es stark genug war, um sich durchzusetzen, war das in Ordnung. Chef auf dem Hof war der alte mürrische Hund. Die Hühner waren zwar dämlich, wussten sich aber – siehe Schöner Felix – durchaus Respekt zu verschaffen, wenn man sie ärgerte oder ihnen die Eier unter dem Hintern klauen wollte, und bei den Katzen hatte die kleine, zähe Madonnina das Sagen. Alles hatte seine Ordnung.

Bis zu diesem Freitag, dem 17. November.

Dazu muss man wissen: Unsere Geschichte beginnt in Italien, und was bei uns in Deutschland Freitag, der 13. ist – ein gefährlicher Unglückstag, ein Tag der verlorenen Geldbörsen, versäumten Küsse und Pickel auf der Nase –, das ist in Italien Freitag, der 17. November. Und der November gilt als Unglücksmonat – wenn also der 17. November auf einen Freitag fällt und wenn noch dazu gerade an diesem Tag aus einem schlechtgelaunten, dunklen Himmel ein böse grollendes Wintergewitter mit Prasselregen kommt, dann bedeutet das nichts Gutes.

Und an einem solchen Tag warf die Madonnina ihre Jungen. Es waren vier, und zum allerersten Mal war ein kohlpechrabenschwarzes dabei. Nein, nicht ganz schwarz: die rechte Vorderpfote war weiß. Das war aber auch alles. Es war un maschio, ein Mann, ein Knabe, ein Kater. Ein schwarzer Kater, geboren am Freitag, dem 17. November bei Donner und Blitz um 12 Uhr mittags, high noon. Oje. Sie nannten ihn Nero. Nero heißt: schwarz.

Eines Abends Anfang Dezember stellte der Bauer wie üblich den großen Blechteller mit Nudeln, Reis, Weißbrot, Milch und einem bisschen Fleisch für seine Katzen hin, da sah er die vier Kleinen zum ersten Mal. Die Madonnina brachte sie mit und eroberte ihnen Plätze am Tellerrand.

»Porco dio!«, schrie der Bauer, »quattro! E un nero!« Den Fluch übersetze ich lieber nicht, aber der Rest heißt: »Vier! Und ein schwarzes!« Die beiden weißgrau Getigerten brachte er in den nächsten Wochen oben in den Bergen bei einem Freund unter, der Mäuse in der Scheune hatte und gern zwei kräftige junge Katzen aufnahm – sie würden sich ihren Lebensunterhalt mit Jagen verdienen müssen. Die kleine Rotweiße, die der Madonnina sehr ähnlich sah, er nannte sie Rosa, stellte sich beim Fressen und auch sonst so tapsig und dumm an, dass er sie noch eine Weile bei seiner Mutter lassen wollte, dann würde man schon sehen. Außerdem hatte Rosa himmelblaue Augen, mit denen sie fürchterlich schielte – man wusste nie: sah sie zum Futterteller hin oder schaute sie den Wolken nach? So etwas Komisches hatte der Bauer noch nie gesehen. Und Nero, den kleinen Schwarzen – den bekam er einfach nicht zu fassen. Wann immer der Bauer sich nach ihm bückte, war Nero weg, schnell wie der Blitz und unauffindbar.

»Furbo«, rief der Bauer, »Spitzbube!«, und: »Diavolo nero!«, »Schwarzer Teufel!«, aber er kriegte ihn nie, und die Tiere auf dem Hof hielten die Luft an und sagten: »Wenn das mal gutgeht!«

Es ging nicht gut.

Nero hatte in kürzester Zeit alles und alle fest im Griff, oder besser gesagt: in seiner kleinen weißen Pfote mit den messerscharfen Krallen. Die Hühner überließen ihm jeden Tag freiwillig ein frisches Ei, nachdem er einmal vor ihnen sein kleines Maul mit den spitzen Zähnen aufgerissen und sie angefaucht hatte: »Ich kann euch nämlich auch so lange durch die Gegend scheuchen, dass ihr überhaupt keine Zeit mehr findet, ein Ei zu legen.« Er sträubte seinen langen weißen Schnurrbart und rupfte ausgerechnet Camilla, dem mutigsten Huhn, ein paar Federn aus, so dass die dummen Hühner mächtig Angst bekamen und klaglos mitspielten: jeden Tag ein frisches Ei für Nero. An einem Stein knackte er es auf und schlürfte es aus. Er schmatzte und schnurrte und kniff seine kugelrunden, giftgrünen Augen zu schmalen Schlitzen zusammen. Aber es entging ihm nichts. Wenn er fast fertig war, rief er jedes Mal die dumme Rosa, und sie durfte die Reste essen. Sie saß immer in einigem Abstand bewundernd in seiner Nähe und wartete demütig, bis sie dran war, und er vergaß sie nie. Es schien seine einzige gute Eigenschaft zu sein: die Sorge um die dumme Rosa. Er schützte sie, gab ihr von seinen Beutezügen ab, er holte sie abends an den Blechteller, wenn sie mal wieder oben im Heu schlief und die Fütterung verpasste. Auch vor seiner Mutter, der Madonnina, hatte er einen gewissen Respekt – zumindest hob er nie die Pfote gegen sie.

DIE ZAUBERIN

Luisa Francia

Ich war gerade eingeschlafen. Es war ein langer, heißer, anstrengender Tag gewesen. Ich war mit dem Buschtaxi von Lomé nach Ouidah gefahren, hatte an der Grenze ungefähr sechs Stunden gewartet, wurde von Moskitos gestochen und jetzt war ich gerade eingeschlafen. Etwas sprang auf mein Bett und legte sich in meine Kniekehle. Aah. Meine Katze Tiga. Ein wohliges heimatliches Gefühl breitete sich in mir aus. Erst als ich morgens aufwachte, wusste ich, dass Tiga es nicht gewesen sein konnte, ich war in Afrika und sie war zuhause. Oder war sie es doch?

Sie war aus eigenem Willen zu uns gekommen. Eines Tages war sie da, ein Herbstkatzl, wie man bei uns auf dem Land zu den schwächlichen, im Herbst geborenen und meistens nicht sehr lebensfähigen Katzen sagt – klein, struppig, pechschwarz. Wir nannten sie Tiga.

Sie hatte durchaus etwas Majestätisches, sie hatte wohl auch ein paar Gene von einer Siamkatze. Mein Freund sagte, sie sehe aus, als hätte ihr jemand einen Faustschlag auf die Nase verpasst. Ich beschützte sie vor seinen Blicken. Von Anfang an machte sie, wie das vermutlich alle Katzen tun, klar, wer das Sagen hat. Sie mochte es nicht, wenn ich mit dem Staubsauger durch die Wohnung fuhr. Zum Glück mochte ich das auch nicht besonders. Die Katze, der Staubsauger und ich gingen deshalb eine Abmachung ein: alle zwei Monate genügt. Dann schlich Tiga fort, und ich spielte mit dem Staubsauger, der aufgrund dieser pfleglichen Behandlung bis heute noch gelegentlich durch die Wohnung schnurrt.

Tigas Lieblingsplatz war auch meiner – doch sie gewann das Rennen um diesen Platz auf dem Sofa mit Blick über den schönen alten Obstgarten und den Berg hinter dem Haus. Hatte sie den Platz eingenommen, würdigte sie mich keines Blickes mehr. Sie putzte sich ein bisschen und rollte sich ein. Es gab in dieser Hausgemeinschaft noch eine zweite Katze, die hieß Luxa, und ihre Lieblingsbeschäftigung war es, auf dem Steg im See zu liegen und eine Tatze ins Wasser hängen zu lassen. Kam ein Fischlein zu nahe, schlug sie es mit ihren Krallen aus dem Wasser heraus. Luxa ging auch im Winter mit den Kindern Schlitten fahren. Das wäre Tiga allerdings im Traum nicht eingefallen. Proletarische Vergnügungen waren nicht ihr Ding. Sie strich vielleicht durch den Obstgarten und blieb vor der Skulptur stehen, die ein früherer Bewohner des Hauses dort hingestellt und vergessen hatte. Oder sie stieg hinauf aufs Hausdach, vermutlich weil dort der Ausblick so hinreißend schön war.

Nachts wartete sie, bis ich aufgehört hatte, mich hin und her zu wälzen, umzudrehen, wieder aufzustehen und Wasser zu holen. Wenn ich am Einschlafen war, sprang sie mit einem eleganten Satz auf mein Hochbett und legte sich in meine Kniekehle. Falls ich auf dem Rücken lag, einen Arm über den Augen, stellte sie sich auf meinen Bauch und wartete, bis ich mich umdrehte. Vorwurfsvoll. Wie lange muss ich jetzt eigentlich noch warten!

Dann kam sie eines Nachts nicht von ihren Streifzügen zurück. Wir riefen sie, wir lockten sie. Wir schüttelten eine Schachtel mit Brekkies. Keine Reaktion. Alle Katzen der Nachbarschaft kamen an, um Brekkies zu fressen. Tiga kam nicht. Am zweiten Tag weinte ich mir fast die Augen aus. Meine kleine Tiga! Am dritten Abend schlich sie herein. Ihr Ohr war angebissen, das Fell verklebt. Sie ließ sich nicht berühren, sie wollte kein Mitgefühl. Sie fraß nicht. Irgendwann gab ich die Bemühungen, sie zu bemuttern, auf und legte mich ins Bett. Sie sprang in meine Kniekehle und rollte sich mit einem Seufzer ein. Wir sprachen nie über ihren Ausflug, aber mir war klar, dass sie eine tolle Zeit gehabt hatte. Manchmal saß sie auf der Balkonbrüstung und schaute hinüber in den Wald. Nach ein paar Tagen durfte ich ihr Fell bürsten, sie dehnte und streckte sich unter der Bürste genussvoll, biss mich sanft in die Hand, wenn es ihr zu viel wurde, und trollte sich, wenn sie fand, ich sollte jetzt wieder meiner eigenen Wege gehen.

Sie hasste es, wenn ich Besuch bekam. Die meisten Menschen wussten gar nicht, dass eine Katze bei mir lebte. Sie ließ sich einfach nicht blicken und kam erst, wenn alle weg waren. Einmal besuchte mich ein Freund, der eine Katzenhaarallergie hatte Wir mussten im Garten sitzen, obwohl es regnerisch war. Zu ihm kam sie jedoch – irgendwie heimtückisch – sofort, sprang auf seinen Schoß und schnurrte, während er versuchte, sie wieder loszuwerden. Sie öffnete ein schläfriges Auge und warf mir daraus einen triumphierenden Blick zu. Mistvieh, sagte der Freund. Später kratzte sie mich und sagte: Du hast mich nicht verteidigt.

Eines Nachmittags lagen wir zusammen auf dem Balkon. Wie sie da so genüsslich ausgestreckt auf dem orientalischen Teppich lag, musste ich sie einfach malen. Sie hielt tatsächlich vollkommen still. Ich zeigte ihr das Bild, sie setzte sich auf und schaute es lange an. Dieses Bild hängt noch heute über meinem Bett, und obwohl sie schon über 15 Jahre tot ist, tut es mir immer noch weh, dass sie nicht mehr bei mir ist.

Doch das Ungewöhnlichste an ihr war ihre Fähigkeit, eine Tarotkarte zu ziehen. Wenn ich die Karten auf dem Boden auslegte, saß sie aufrecht neben mir und beobachtete mich, starrte auf die Karten, wartete. Dann sprang sie mit einem Satz in die Karten und schlug mit der Pfote eine heraus. Ich gewöhnte mir an, Entscheidungen mit ihr zusammen zu bearbeiten.

Dann hatte ich einen sehr schweren Verkehrsunfall. Ich lag fünf Wochen im Krankenhaus, und als ich nach Hause kam, roch ich widerlich nach all diesen Desinfektionsmitteln. Nachdem sie mich misstrauisch beschnuppert hatte, erkannte sie mich wieder und lag nun tagein, tagaus an meinem zerschmetterten Bein und schnurrte es wieder zusammen. Diese Heilarbeit nahm ihr offenbar die letzte Lebenskraft. Ich merkte es daran, dass Luxa das Rennen um den Lieblingsplatz gewann. Zwar scheuchte ich sie wieder hinaus, doch die Demütigung war zu groß. Tiga zog sich unters Sofa zurück und wurde matt und dünn. Sie fraß nicht mehr, sie kam nicht mehr zu mir. Irgendwann, als sie es nicht mehr schaffte, aus der Katzenkiste herauszusteigen, konnte ich ihr Leiden nicht mehr mitansehen.

Ich fuhr mit ihr und meiner Tochter zur Tierärztin. Die gab ihr eine Spritze und sie starb. Bis heute habe ich ein schlechtes Gewissen. Hätte sie sich nicht doch wieder erholt? Sie war erst elf Jahre alt. Sie war viel draußen im Wald, sagte die Tierärztin. Sie hatte Katzenaids. Sie hätte es nicht geschafft. Ich denke, sie hat ihre ganze Kraft für meine Heilung eingesetzt. Als ich gesund war, wurde sie krank. Wir begruben sie im Garten, ich hob ein tiefes Loch neben dem Rosenstock aus, und wir legten alle schönen Steine, die wir hatten, auf Tigas Grab. Eines Nachts träumte ich, dass sie quicklebendig vor mir stand. Dann rollte sie sich ein und legte sich in meine Kniekehle. Dieses Gefühl war derart lebendig und real, dass ich morgens die Steine von ihrem Grab nahm und das Loch aufmachte. Obwohl das Grab unberührt war, lag sie nicht mehr drin.

Von
KATZEN
versteht niemand etwas,
der nicht selbst
eine Katze ist.

Natsume Soseki

HÄNGE DEIN

LEBEN

AN EINEN STERN,
UND DIE

NACHT

WIRD DIR NICHT
SCHADEN.

Phil Bosmans

SCHLAF GUT!

Es ist nicht immer leicht, abends abzuschalten und den Tag hinter sich zu lassen. Aber es gibt ein paar ganz einfache Dinge, die dir vielleicht beim Einschlafen helfen können. Probier doch einfach aus, was dir persönlich guttun könnte.

· Wer abends falsch und vor allem sehr spät isst, kann nur schwer einschlafen. Nimm lieber leicht verdauliche Speisen zu dir und versuche, weder hungrig noch direkt nach dem Essen ins Bett zu gehen.

· Mach aus deinem Schlafzimmer einen Wohlfühlort, an dem du wirklich zur Ruhe kommst. Wähle Naturmaterialien für die Einrichtung sowie ruhige, pastellige Farbtöne für Wände, Kissen oder Bettbezüge. Vorhänge und warme, indirekte Beleuchtung sorgen für eine wohlige, entspannende Atmosphäre.

· Kuschelige Socken verhindern, dass dich kalte Füße lange wach halten, und eine Bettdecke aus Naturmaterialien, die dich wärmt, aber nicht schwitzen lässt, kann sich positiv auf deinen Schlaf auswirken.

· Ein duftendes Schaumbad am Abend kann dir helfen, dich zu entspannen, und mit einem ätherischen Badezusatz macht es dich angenehm schläfrig.

· Trinke vor dem Schlafengehen ein Glas warme Milch mit Honig oder einen warmen Kakao – das schenkt ein wohlig warmes Gefühl im Bauch und schöne Gedanken.

GOTT schuf die
KATZE,
damit der Mensch einen
TIGER
zum Streicheln hat.

Victor Hugo

ABER, WER, WEISS, WOVON DIE KATZEN TRÄUMEN?

Georg Weerth

Seitwärts vom Rhein, in einem reizenden Tale, liegt das Jagdschloss des Baron d'Eyncourt. Ein altes, wunderliches Gebäude mit kleinen Fenstern und ungeheurem Giebel, halb bedeckt von Efeu und Weinranken, die bis oben aufs Dach gewachsen sind, von wo sie in dichten, buschigen Matten wieder nach den Seiten zu hinunterhängen. Uralte Walnussbäume bilden mit ihren riesigen Ästen und den großen tiefgrünen Blättern den Hintergrund des Gebäudes. Nach vorne dehnt sich bis zu dem schmalen Weg, der nach dem nächsten Dorf führt, ein weiter, geräumiger Garten, dessen ganze Einrichtung auf den ersten Blick verrät, dass man wenig Sorgfalt mehr auf die Erhaltung früherer Anlagen verwendet und Stauden durcheinanderwachsen lässt, wie es ihnen gefällt. Nur unmittelbar unter den Fenstern des Schlosses scheint noch eine ordnende Hand der lustig sprossenden Rosen und Nelken zu warten. Von vier oder fünf Wasserbächen, die durch den Garten verteilt sind, sprudelt auch hier noch ein kristallener Strahl aus dem Marmorbehälter und wirft seine zitternden Perlen rechts und links auf die Kelche der Blumen.

Sorglos, als wüssten sie, dass niemand ihren Gesang unterbrechen würde, durchjubeln die Spatzen diese reizende Wildnis und ziehen sich nur ärgerlich in das Gezweig der Holunderbüsche zurück, wenn oft vom nahen Wald herüber die Amseln kommen oder andere schönere Vögel, welche sich den Garten des Schlosses als allgemeines Rendezvous erwählt zu haben scheinen und dann ihre melodische Unterredung beginnen, mit so viel Takt, in so hübschen Kadenzen, dass jedem ehrlichen Mann das Herz im Leibe lacht, dass aber jeder ehrliche Spatz vor Neid und Ärger vergehen möchte.

Das Einzige, was die heiteren Meetings der gefiederten Gesellen bisweilen unterbricht und den ganzen Konvent im Nu auseinanderjagt, ist die große rotbraune Angorakatze, die langjährige Bewohnerin des Schlosses, die alle Ecken und Winkel des Gebäudes und des Gartens kennt und sich gewissermaßen als Statthalterin des Besitztums betrachtet, wenn die Herrschaft verreist, in der Stadt weilt. Schlummernd kauert sie auf der Schwelle der Gartentüre, in Traum und Gedanken versunken. Alles ist still. – Da beginnt das Vogelkonzert: Die Amsel ruft, es zwitschert der Stieglitz, der Buchfink schreit, und es lärmen die Spatzen. Sie erwacht, sie rümpft die Nase, die langen Spürhaare bewegen sich dreimal und viermal, ein unbehagliches Knurren und Murren dringt durch die halb geöffnete zierliche Schnauze, und unheimlich blinzeln die grünen Augen durch die schützenden Wimpern. Es ist hart, so im besten Träumen gestört zu werden – in Träumen, wer weiß worin, in Träumen, wer weiß worüber –, wo man sich vielleicht für eine verwunschene Prinzessin hielt, für eine reiche Äbtissin, für eine himmlische Unschuld – und ach, und wo man dann doch zuletzt nur eine alte Katze ist. Aber wer weiß, wovon die Katzen träumen? Genug, unsre Angorakatze erwacht. Sacht und behutsam gleiten die zwei schneeweißen reinlichen Vorderpfoten aus dem warmen Pelz, erst kaum bemerkbar, allmählich deutlicher, schimmernd in ihrer ganzen krallengeschmückten Schönheit, und stemmen sich endlich fest und sicher auf den Boden.

Die Hinterpfoten, weniger glänzend und mehr braun gestreift und gesprenkelt, folgen sofort dem Beispiel der beiden vorderen, schieben die blanken Tatzen vorsichtig unter die Rundung des glatten Leibes, jetzt das Holz der Schwelle kräftiger packend und den ganzen Körper emporhebend, mit dem buckligen Rückgrat, mit dem wedelnden Schweif und dem drohenden Haupt, das sich stolz in den Nacken wirft, die Augen wild funkeln lässt und noch einmal weit aufgähnend seine rosenrote Höhle zeigt und die Reihen blitzender, scharf geschliffener Zähne.

Ein Satz, und sie verschwindet im Gebüsch. Lebhaft unterhalten sich indes in den Zweigen des großen Oleanders die Vögel von ihren wichtigsten Angelegenheiten. Ein Zeisig schreit, als wäre er außer sich – wahrscheinlich jammert er über ein Mitglied seiner Familie, das sich aus Versehen in den Schlingen fing, die eigentlich für viel bessere, große Vögel gelegt waren, für Amseln und Tauben etwa. Eine sonst sehr sanfte Lachtaube kichert daher laut auf und freut sich nicht wenig, dass sie durch die Intervention des Zeisigs gerettet worden ist. Über diese Schadenfreude erzürnen sich aber die andern, sodass bald vor allem Klagen, Lachen und Schelten niemand den anderen mehr verstehen kann und ein alter Spatz, halb vor Wut erstickt, den heiligen Schwur tut, nimmer in so unmoralischer Gesellschaft die Rednerbühne wieder zu besteigen.

Da hat sich die Katze an den Fuß des Baumes geschlichen. Zum Sprung sich rüstend, setzt sie sich auf die Hinterbeine, peitscht mit dem Schwanz den Boden, und, den Blick nur nach oben gerichtet, zerstört sie, die Fürchterliche, in einem Nu die künstlichen Bauten eines redlichen, arbeitsamen Ameisenvolks, indem sie die eben noch so glücklichen Bürger rechts und links aus den Wohnungen geißelt. Da ist sie fertig. Zischend und sprudelnd fliegt sie am Stamm des Baumes hinan und – husch, verschwinden die Vögel.

Alles wieder still.

So geht es im Garten her. Hat die Katze ihren Streifzug beendet, da kehrt sie ruhig zurück in den Hof des Schlosses, innerlich lachend über die dummen Vögel, welche sich noch immer vor ihr fürchten, sie, die so leicht sind und so lustig beschwingt, dass sie sicher die Lüfte durchjubeln können, wenn eine arme Katze an den lieben, trockenen Boden gefesselt ist mit den lieben vier zierlichen Beinen.

Die Katze muss wirklich jedes Mal lachen und schleicht dann zu dem kleinen, grün bemalten Hause am Fuße eines Walnussbaumes, wo sie einen alten Freund wohnen hat, einen alten Praktikus, mit dem sie schon lange in stillem, zärtlichem Einverständnis steht, nach treuer Übereinkunft geschlossen vor Jahren und selten verletzt. Die Angorakatze besucht nämlich Nero, den alten Hofhund.

Früher hassten sie einander schrecklich, als das Blut noch ungestüm in den Adern floss und manche Fehde entbrannte, die nur der Stiefelknecht des Kutschers oder die Feuerzange der Köchin zu schlichten vermochte. Als aber die Zeit und die Erfahrung den Mut in der Brust gedämpft hatten, als sie beide einsahen, dass alles übel ist auf dieser Welt, da schlossen sie Frieden und versprachen lieber, einander beizustehen mit Rat und Tat in den Bedrängnissen eines schlimmen Jahrhunderts.

Und so groß ist ihre Freundschaft geworden, dass die Katze, wenn sie den guten Nero im Schlaf findet, nicht das geringste Geräusch macht, um ihn zu wecken, sondern sich zu ihm setzt, ihm die Fliegen fortscheucht und die Narben ihm leckt, die entsetzlichen Narben verschollener Schlachten.

Erwacht dann Nero, so schauen sie sich diplomatisch innig an und gedenken der Tage der Jugend. Die schöne Katze, der treffliche Nero! Friedlich verbringen sie ihre Tage. Sie ruhen auf ihren Lorbeeren, und wie die Katze mehr zum Spaß als zum Ernst oft noch nach Amseln schnappt und pfiffigen Spatzen, so fühlt Nero sich auch nur im Traum oft noch auf der Jagd und fährt dann empor mit der alten Wildheit, das Stroh seines Lagers durchwühlend, heulend und hinaufstierend in die düsteren Wipfel des Walnussbaumes.

... noch mehr Freude ...

mit Geschenkbüchern, die glücklich machen:
www.arsedition.de

Glück im Postfach: der Newsletter von arsEdition!
Abonnieren unter **www.arsedition.de/newsletter**

In einigen Fällen war es nicht möglich, für den Abdruck der Texte die Rechteinhaber:innen zu ermitteln. Honoraransprüche der Autor:innen, Verlage und ihrer Rechtsnachfolger:innen bleiben gewahrt. Die in diesem Buch gewählten geschlechtlichen Formen beziehen sich immer zugleich auf weibliche, männliche und diverse Personen. Denn natürlich sollen unsere Bücher allen Menschen Freude bringen. Wir haben bewusst zwischen der weiblichen, männlichen und einer offenen Schreibweise abgewechselt, um diese Herzensangelegenheit zu unterstreichen.

Wir danken folgenden Verlagen und Autor:innen für die Abdruckgenehmigungen:

Ingrid Noll, Alles für die Katz, aus: Ingrid Noll, In Liebe Dein Karl,
© 2020 Diogenes Verlag AG Zürich, erstmalig veröffentlicht in: Katzengeschichten.
2012 Diogenes Verlag AG Zürich

Julia Kospach, Der ruhige Genuss des Dekorativen (Auszug), © Julia Kospach

Anna Mitgutsch, Wahlverwandtschaften und Todfeindschaften (Auszug), © Anna Mitgutsch

Christa Jekoff, Trikolor – oder Wenn Katzen lieben, © Christa Jekoff

Mit freundlicher Genehmigung vom Carl Hanser Verlag GmbH & Co. KG:
Elke Heidenreich, Nero Corleone, mit Illustrationen von Quint Buchholz (Auszug),
© 1995 Carl Hanser Verlag GmbH & Co. KG, München

Luisa Francia, Die Zauberin (Auszug), © Luisa Francia

Coverillustration: Petra Braun Illustration
Covergestaltung: Grafisches Atelier, arsEdition GmbH
Grafische Gestaltung Innenteil: Nina Giglberger
Bildnachweis: Hintergründe: Nadia Grapes / Shutterstock.com; Tayka_ya / Shutterstock.com; Angelina Bambina / Shutterstock.com; GoodStudio / Shutterstock.com; Vignetten: Saibarakova Ilona / Shutterstock.com

ISBN 978-3-8458-4751-1

www.arsedition.de